AF505101

ROGÉRIO DUARTE

A GRANDE PORTA DO MEDO

CADERNOS ULTRAMARES

ORGANIZAÇÃO E PROJETO GRÁFICO

Marcos Lacerda, Ana Paula Simonaci e Sergio Cohn

CONSELHO EDITORIAL

André Botelho

Bernardo Esteves

Boaventura de Souza Santos

Evelyn Goyannes Dill Orrico

Fréderic Vanderberghe

José Luis Garcia

Maria João Cantinho

Renato Rezende

Teresa Arijón

Vagner Amaro

ISBN 9786586962404

azougue press |
coordenação geral Sergio Cohn
coordenação editorial
Sergio Cohn — Darien Lamen — Cristián Jiménez Plaza
Brasil | CNPJ 12.272.339/0001-26
Portugal | Oca Editorial NF 515805394
USA | E. Id. 803650511
Chile | Tucán Ediciones RUT 77.369.106-1

A proposta dos Cadernos Ultramares é transpor fronteiras. Não apenas geográficas, com a edição de um amplo panorama do pensamento brasileiro para o público português, mas também entre as áreas do saber, criando uma coleção transdisciplinar, acessível não apenas para leitores especializado, pesquisadores e acadêmicos, como para interessados em geral.

Para isto, os Cadernos Ultramares privilegiam a leveza do ensaio, a "brigada ligeira", utilizando-se de um gênero marcado pela abertura e experimentação, uma forma privilegiada para a proposição e a apresentação de interpretações da cultura e da sociedade. Nos últimos anos, o gênero ensaio tem sido revalorizado como um importante meio de diálogo entre a pesquisa acadêmica e a sociedade.

O Brasil possui uma produção riquíssima de pensamento em diversas áreas, que vão da física à antropologia, da matemática às artes. Os Cadernos Ultramares, ao trazerem importantes textos de alguns dos nossos mais renomados pensadores, sejam clássicos ou contemporâneos, busca possibilitar ao leitor um olhar amplo e qualificado sobre essa produção.

Interessa-nos a constituição de um diálogo entre áreas, de uma conversa aberta que escape das armadilhas do pensamento especializado e do produtivismo acadêmico. Interessa, antes de tudo, a valorização do encontro do leitor com o sabor do texto, do prazer da leitura e da troca livre de pensamento.

apresentação

POR SERGIO COHN

Em 4 de abril de 1968, Rogério Duarte (1939) foi preso ao sair da missa de sétimo dia do estudante Edson Luís, assassinado pela polícia do Rio de Janeiro numa manifestação de protesto contra a comida que se servia num restaurante universitário chamado Calabouço. A sua prisão – ou sequestro, como ele gostava de denominar – durou toda a Semana Santa daquele ano, envolvendo fortes torturas.

Rogério Duarte era, então, uma figura importante do ambiente cultural brasileiro. Embora jovem – ainda não havia completado 30 anos – participou de importantes movimentos da época, desde a renovação do design gráfico brasileiro, trabalhando com Aloísio Magalhães, até a Tropicália, da qual era considerado um dos grandes ideólogos, ao lado de Caetano Veloso, Gilberto Gil, Torquato Neto e Hélio Oiticica.

Se, desta forma, a sua prisão não passou despercebida, o ato dele ao ser solto, de alardear de forma clara e pública a tortura que havia sofrido por parte do governo militar, o colocou como um importante nome da resistência – embora de forma quase involuntária (como ele mesmo relata, havia sido levado para a missa pela insistência do seu irmão, Ronaldo, também preso e torturado, e da sua namorada da época).

Em consequência, Fernando Sabino e Rubem Braga, que estavam coordenando a editora Sabiá, solicitaram para ele que elaborasse um depoimento mais aprofundado sobre a sua experiência de prisão e tortura. Rogério escreveu "A grande porta do medo", um espantoso documento-ensaio sobre a tortura. Infelizmente, com o advento do Ato Institucional 5, em dezembro de 1968, e o recrudescimento da repressão política, o texto não pode ser editado na época. Rogério pediu então que o psicanalista Hélio Pelegrino o guardasse como fiel depositário. Desta forma, o texto sobreviveu à queima dos escritos de Rogério, feita pelo mesmo na época, em consequência do trauma da prisão.

O texto passou 35 anos inédito, até ser publicado pela Azougue Editorial em 2003, no livro *Tropicaos*, organizado por Narlan Matos e por mim. "A grande porta do medo" é um dos mais fortes relatos sobre a violência política que assolou o Brasil nos anos de ditadura civil-militar, ao lado de livros como *Retrato calado*, de Luiz Roberto Salinas Fortes, *Em câmera lenta*, de Renato Tapajós, e *Inventário de cicatrizes*, de Alex Polari.

Mas, além disso, é também um ensaio sobre a violência física e o autoritarismo. Um ensaio que infelizmente se mostra atual, num país como o Brasil, que não soube ainda lidar com os crimes cometidos pelo Estado durante o período ditatorial, se desfazer do aparato de repressão constituído naquela época, como a polícia militar, e muito menos superar a tortura cotidiana em delegacias e presídios. E que mais uma vez se aproxima de posturas autoritárias e de franca violação dos direitos humanos, com o governo atual de extrema direita.

O presente livro é completado pelo relato "2x68", escrito por Rogério em 1992, onde ele retoma a história em torno de sua prisão e tortura. Rogério Duarte foi um dos grandes pensadores da cultura brasileira contemporânea, mas teve uma trajetória conturbada, marcada profudamente por este episódio traumático. Na época do lançamento de *Tropicaos*, estava com ele quando foi entrevistado por uma jovem jornalista. Ela o perguntou quanto tempo havia ficado preso, e ao ouvir a resposta de que menos de duas semanas, exclamou "só isso? Mas teve gente que ficou presa por mais de 10 anos!" Ao que Rogério respondeu: "nunca se sabe qual a medida que quebra um homem".

Este volume especial dos Cadernos Ultramares, com textos pertencentes aos livros *Tropicaos* e *Rogé-*

rio Duarte – Encontros, ambos da Azougue Editorial, é uma homenagem ao demasiadamente humano Rogério Duarte, falecido em 2016. Além disso, 50 anos depois do acontecimento e do AI-5, é um testemunho importante da violência política que está sempre à nossa porta, e contra a qual precisamos estar atentos e fortes.

a GRaNDe PORTa DO MeDO

A base científica, inconsciente ou não, da tortura é a teoria do reflexo condicionado. O magneto tenta implantar no corpo a ordem mecânica das campainhas de Pavlov.

A única alternativa do torturado é confiar cada vez mais cegamente nas associações entre a desobediência e o castigo. Seguindo este caminho ele acaba por identificar-se com o torturador através de uma servidão mágica e absoluta. Na impotência que gera a situação de amarrado e vendado ele procura uma promíscua união com a fonte exterior de suas sensações. Gradativamente ele tende a adotar como medida de todos os valores as disposições daquele ser desconhecido e terrível que pode decidir tudo sobre o seu bem e o seu mal.

Em termos de psicologia, poderíamos chamar a tortura de um método de regressão artificial àquela etapa infantil em que a criança não tem auto-consciência em virtude de sua total dependência do pai. A tal fase imitativa ou identificativa.

Os torturadores sabem a quem torturam. Eles conhecem a princípio na própria alma as angústias e os terrores de suas relações arcaicas com uma autoridade prepotente e irracional.

Um homem livre pode sentir dores físicas mas não pode ser torturado. Mas quem poderá se sentir verdadeiramente livre numa sociedade de escravos e senhores! Reversos de uma mesma moeda miserável.

Por isso quero confessar de público que as torturas tiveram seu efeito em mim. Eu recordo de como sofri as tentações de adotar como meu o que cuidei ser o critério dos torturadores. Cheguei a pensar algumas vezes: Eles talvez tenham razão, que tinha eu de ir à missa da Candelária, se era proibido? Como fui tentado a amá-los pelo simples fato de interromperem algumas vezes os choques, as vozes ásperas. A cada copo d'água eu dava o valor de uma redenção, em cada palavra menos cortante eu cheguei a ouvir a carícia verdadeira.

Os torturadores chegam mesmo a acreditar, imagino, de tal modo eles são também os torturados, que prestam um alto serviço às suas vítimas. Mas eles dependem da conivência. A conivência é o que lhes justifica. Fariam tudo para obtê-la, passariam do método do choque às lamúrias sentimentais com a facilidade natural de quem ri e chora. O importante é não abolir a ordem metafísica do amor pela beleza das imagens coisificadas de um passado inexistente.

(CADERNO 1)

Pode ser que exista um princípio e um fim para as estórias, mas o que de fato interessa é o rio de sangue que corre no meio. No meio, no meio da rua 6 horas da tarde, a polícia e o exército como uma algema em torno da Igreja da Candelária, entre os transeuntes, os agentes da DOPS e do SNI à paisana, o gás lacrimogênio, as espadas e os cassetetes, eu e Rute assustados nos abraçando ao lado das bombas de fumaça na Avenida Presidente Vargas, e em todos os lados, impedindo a entrada na igreja, a grande porta do medo. Do medo da morte, sobretudo naquela hora do medo ter nascido para despertar a grande fúria dos exércitos.

Corte

Mesmo de olhos fechados eu já não vejo o seu rosto mas eu o reconheceria mesmo entre os demônios do inferno depois do apocalipse. O rosto dele e do outro, mas o do outro, o de bigode, eu sou capaz de visualizar na imaginação em virtude da voz doce, do olhar de bondade. Meu irmão disse que havia vários mas eu só vi os dois: um era o bom e o outro o mau e trabalhavam de comum acordo com a hierarquia dos anjos. Eu vinha com Rute na frente, seguiam-nos Ronaldo e Silvia, quando ele estendeu o braço impedindo-me a passagem. Como já estivéssemos um pouco afastados do centro do tumulto, nos dirigimos até o automóvel que deixáramos estacionado no aeroporto. Eu não percebi, de início, do que se tratava, mas não precisei esperar muito até ouvir baixinho. Eu pensaria que fosse confidência se as palavras ditas não houvessem dado à voz o tom da ameaça: – Me sigam muito quietinhos porque senão vai chover bala. E deteve também meu irmão e sua amiga proferindo sempre ameaças sussurrantes no mesmo estilo – este era o mau, o bom juntou-se a ele e fomos os quatro conduzidos enquanto um amigo a quem eu havia dado carona até a cidade nos olhava parado com um ar de surpresa abobalhada. Tratei de fingir que não o conhecia e seguimos em frente. – Não adianta fazer sinal pro seu amigo, qualquer coisa chove bala.

Na esquina da 7 de Setembro, se não me engano, eles chamaram um carrão da patrulha e eu e meu irmão entramos na boleia. Depois da longa e confusa viagem, chegamos de olhos vendados, eu disse chegamos mas percebo que as palavras me abandonam nesse relato, se elas estavam distantes das coisas no sufocado absurdo do cotidiano aí então elas já aparecem como negações de si mesmas. Eu disse viagem, chegada... Foi quando percebi pela primeira vez que outras palavras que nunca haviam ousado o salto da garganta à boca começavam seus tímidos golpes na grande porta do medo. Eu disse a ele, o da voz de bondade: – Sinto-me tranquilo porque sei que vocês saberão ser justos.

Então Ronaldo saltou e eu comecei a ouvir os sons surdos dos golpes e dos urros de boca fechada, eu ouvia tudo mas continuava surdo ao nome do que acontecia. Eu não estive presente à humilhação do meu corpo, eu era cúmplice, eu silenciava. Eu ainda estava anterior a mim mesmo, indiferente à minha e à sorte de todos os humilhados e ofendidos. Mas era ao mesmo tempo real e irreal demais o desnudamento. – Olhem ele não usa cuecas! Deve ser para dar a bunda. Ele é viado.

Corte

A pequena caixa de madeira. – Tragam a caixa do lanche. O corpo do meu irmão sendo introduzido na pequena gaveta para que conhecesse o seu tamanho. Os fios elétricos nas costas, na boca, nas axilas, os fósforos apagados nas costas, o café quente derramado no sexo. É preciso não contar como se tudo tivesse acontecido, é preciso estar ali todo o tempo necessário, é preciso morrer de medo e regar a flor do medo que nascerá sobre o túmulo até a aparição do fruto, mesmo que seja o fruto dourado do ódio porque talvez as sementes... Que posso eu dizer das sementes ou que haverá o fruto e as sementes a não ser com a loucura da minha esperança?

Corte

Eu estava na cela deitado. Há horas atrás meu irmão desembarcara e os socos, os interrogatórios cujo objetivo era apenas fazer-me escutá-los.

Eles me interrogavam porque precisavam falar. E eu nada tinha a ocultar, eu também queria falar e eles não me deixavam falar, queria com palavras doces, inúteis e antigas, anular a terrível realidade de suas imprecações. O que eu queria ocultar para mim mesmo era a evidência do concreto que eles vomitavam sobre mim. Eu estava deitado na cela e me perguntei pela primeira vez: – será que eu... eu fui torturado? E comecei a testar a aplicabilidade da palavra tortura para o que estava acontecendo. É por isso que depois chegaram os doces, os ternos, os bons e jogaram água no meu corpo e na minha boca para apagar as chagas e as palavras.

Sim, eles queriam que eu os visse e que os negasse para atingirem a condição de Deus, para gozar a impunidade da síntese entre ser e não ser.

Agora eu sei porque em geral os torturados não denunciam o que sofreram. Deus me perdoe a amarga missão de dizê-lo, sobretudo porque eu sei que o que sofri não pode ser comparado com o que muitos outros sofreram, além do fato de não contarem com a proteção com que estou contando. Mas é possível que o privilégio da minha condição, aliado ao fato de ter vivido, guardadas certas proporções, o mesmo que eles, e de certa forma, guardadas também as proporções, eu corra o mesmo risco que eles de voltar às câmaras infernais, me permita um testemunho verdadeiro. É terrível dizer, mas eles não denunciaram porque se tornaram cúmplices da violência que sofreram. Porque eles acreditaram que a oculta face dos torturadores fosse a face de Deus. Tremo depois de falar isso porque sei que poderei negá-lo mais tarde. Mas peço ao verdadeiro Deus que me dê forças para continuar esse testemunho e me inspire agora como prova inelutável da minha sinceridade. E que me dê forças para mantê-lo, passe eu ainda pelo que tiver que passar. O verdadeiro Deus que só se dá aos meus olhos humanos pelo testemunho de Cristo e de João Batista, Ernesto Guevara, Henry Miller e tantos outros anônimos, santos, operários, loucos e putas. O verdadeiro Deus que mesmo embuçado se dá aos meus olhos vendados e mortais pelo testemunho da minha loucura. Não, eu sei que não posso julgar nem sequer a mim mesmo, por isso fui enviado como testemunha. Só posso julgar minha própria cumplicidade e indiferença. – O General José Horácio da Cunha Garcia declara que a nossa história parece uma novela. Ele deveria ter dito que nossa história é uma novela, mas deveria acrescentar, se quisesse demonstrar insofismavelmente sua boa fé, que seus personagens não tiveram a impunidade das páginas dos livros. De uma coisa estou absolutamente seguro: é isto que eles queriam: o nosso pavor. É assim que eles me querem, de mãos suadas, sentindo aquele frio que de alguma parte central do peito envia ao resto do corpo a informação do seu desabrigo, de sua nudez.

Corte

O que eu sentia era a brutalidade do amor confirmando e destruindo a brutalidade do ódio. Eram os quatro quartetos explodindo em dois anjos, o anjo negro e o anjo branco, sentados lado a lado na mão direita e na mão esquerda daquele que vem a ser o pai de Orzmud e de Arimã. E o som, não. Eu preciso ser fiel, e só falar daquilo e durante aquilo, durante os copos que eu tive vontade de transformar em facas e cortar o pulso direito e o esquerdo, daqueles braços onde pousam as duas pombas do Senhor a sombra da paz e o fogo da guerra. Só falar do medo que sepulta o medo, o medo de onde nasce a flor da paz e o fruto da guerra entre a paixão do sono e a paixão da luta. – Desce o pau nesse viado, você é homem ou é viado? Agora já nem sei, mas sei que você é quem mente enquanto eu lamento. Agora me lembrei de Jean Genet. Como é que se pode ter a morte na alma se a alma não existe? Há somente o corpo e os seus desvãos. Eram as absurdamente longas estradas noturnas entre o cimento e o grito. Era a luta entre os estudantes e os absolutos. Era eu meio louco e metido a maluco na Rua da Quitanda entre o escuro e o tumulto. Era o anjo sereno de Rute e a malícia serpente do abutre. É preciso que as letras comecem a fugir das palavras. – Você é do partido comunista? Resposta: aaaaaaaaaaaaaaaaaaaaaaaa. – Quem é Rute? Quem é Cara de Cavalo? Quem são esses homens, são todos viados ou machos de Rute? aaaaaaaaaaaaaaaaaaa. Água. Choque elétrico é o único passo entre o homem e a máquina na tomada do corpo a pele para fazer abajur a faca de fogo ligada ao corpo no aparelho elétrodoméstico entre o poço e o aeroporto. Café quente no batismo dos escrotos.

Como era longe aquele calabouço. Soco na barriga e soco no pescoço, na tanga mijada a face de Cristo aureolando os escrotos. Como eles descobriram que eu era só um menino, a tudo atendendo e em tudo consentindo na esquecida juventude a todos servindo e os cães latindo e mordendo?

Corte – Relato de Ronaldo

Os americanos usam vendas? Ou acham que porque são brancos os negros não os estão vendo? Assim como o dia não vê a noite e a noite não vê o dia.

Eu só me lembro da cena como se fosse um outro, porque entre Eu e aquele existe a grande porta do medo. A porta do medo entre os irmãos Duarte e os dois jogados numa cela suja, entre o artista plástico da esquerda festiva e o intelectual Rogério Duarte. Entre o soi-disant cineasta e o premiadíssimo Ronaldo Duarte. – Que é que você faz seu viado? – Sou artista plástico. – Quer dizer que você anda com essa gente de teatro que faz passeata contra censura? Aaaaaaaaaaaaaaaaaaaaaaaiii. – Você sabe quantos volts suporta o corpo? – Sei, sou engenheiro. – Então você vai verificar sem voltímetro. Ele falava do salto entre o objetivo e o subjetivo ondeou você fica parado no ar ou quando chega é morto. Só não era tão grande e sendo tão grande o sofrimento porque havia uma intimidade tão grande no espaço do cárcere. No tão íntimo e cruel mês de abril primeiro de abril 10 de abril 100 de abril mil de abril. A marcha militar, um dois um dois dois três dois três três quatro três quatro três quatro quatro um dois três um dois três quatro. Tudo numa simetria perfeita que explode na memória, na mão, na dificuldade de refazer aquilo tudo, com aquele amor paralítico pela beleza, na confiança em que um coração só sente e que os olhos não vêem. Ou que os olhos só vêem o que o coração pressente. Porque o que os olhos não vêem o coração não sente. Antes não houvesse Camões, que foi quem trouxe Cabral e foi Cabral quem começou o massacre dos índios e o contrabando de crioulos. E foi o donatário da Capitania do Espírito Santo que levou o primeiro flagrante queimando tabaco na Capitania do Sonho. Há sempre um copo de mar para o homem navegar. Há um cálice de sangue e um cálice de vinho mas sempre para vomitar. Há sempre um soldado amigo para conversar e há sempre um tenente inimigo para consolar e depois matar.

Corte – Fim do Relato de Ronaldo

Happy end estrada enluarada na Barra da Tijuca com cheiro de Alda e Alfazema da Índia. Eu sou o alfa e o ômega. O princípio e o fim e trago no bolso uma carteira de estudante falsa. – Por que você usa uma carteira de estudante falsa? Aaaaaaaaaaaaaiiiii. Porque quero ter meia entrada no Paissandu. – E a outra razão? Aquela que me dizia que eu estava na segunda série do ginásio Severino Vieira tendo que virar porrada com o irmão de Caluca e com medo de passear pelo portão de Dona Anfrisia *Santiago del Miedo* para enfrentar Gorgônio.

Eu ia de carro com meu pai e mais alguém quando passou pelo rio entrou uma lagosta envolta em plástico que começou a foder com o ventre do meu pau e aí nasceu outra lagosta e começou a foder com meu pai ou mãe. E agora? Sem abrigo, sem a informação sempre mais clara de cada golpe durante este abril que não é nem quente nem frio nem de garças forasteiras sobrevoando os verdes mares bravios da minha terra natal. Na confusão dos socos e palavras. Qual é o outro fio, não o da máquina de choques, que obtém de mim este silêncio bucólico pedido pela nostalgia dos torturados e torturadores? E que arruma as palavras na boca do grande inquisidor e que desfralda diante dos meus olhos vendados, disfarçando a grande porta do medo, a bandeira do Brasil? É preciso acabar com os partidos é preciso acabar com os homens partidos. É preciso calar nas paredes de pedra os últimos vestí-

gios da carne esfarrapada, com os afrescos de Pedro
Américo, com a Batalha do Tuiuti, a retirada da Lagu-
na, Cerro Corá, Iomas Valentinos, Tamandaré, Osório,
Caxias. Metralhar as últimas paredes onde reina em
paz Getúlio Vargas com seu cortejo de Santos. Os torturadores depositam nas costas dos torturados o peso
da sua saudade. É preciso metralhar as vinte milhões
de crianças que bolinam nos jardins desrespeitando
a tristeza do Marechal Castelo Branco. O viúvo chora
na sala remansosa. Suas lágrimas caem como grãos de
mostarda no solo seco dos ladrilhos. Já que não me
dais amor e piedade eu vos vergastarei com a violência prostática dos velhos. Rogério Duarte está sentado
no chão da sala, estas mãos, urdidoras de gestações
menores, estão amarradas nas costas e o esparadrapo
cobre seus olhos e sua boca, mas as perguntas sempre só se dirigem aos ouvidos e nada esperam da boca
amortalhada que meu corpo nu já dizia tudo. – Você
não é o Guevara? Se você não é o Guevara que foi fazer
na rua da Quitanda 6 horas da tarde? (Porrada) – Não
quer responder por bem vai responder na base da porrada. Tira o esparadrapo da boca dele. Diga o nome
dos outros agitadores. Ah, não sabe, veja como ele é
treinado. Não queria fazer guerrilha? Isso que você tá
sentindo ainda não é nada. Não quero resposta seu
puto. Da próxima vez não vai ter essa colher de chá.

Por enquanto só queremos lhe mostrar o que é que você foi fazer na Rua da Quitanda 6 horas da tarde.

Corte

Mas as pessoas perguntam sobre minha experiência, como se todos não estivessem comigo, todos os vinte milhões de humilhados e ofendidos. Eu precisei tomar banho para voltar à sala de visitas da casa assassinada. Porque eu voltava da fossa. Era preciso tomar banho, para que não sentissem o cheiro da urina e das fezes que eles todos haviam acumulado lá bem distante onde mea máxima culpa me arrastara. Mas eu voltei outro, e confundi as suas com as vozes que eu ouvira no quartel e com a minha própria voz. Eu voltava com a missão do recado, eu voltara definitivamente fardado pelo opróbrio. No dia do meu aniversário 10 de abril de 1968 na Vila Militar eu reincidia no pecado original. O pecado de que estavam livres os mortos da sala de visitas. Eu, brasileiro, confesso e denunciado. Com a pele coberta de sinais proibidos. Eu e você. Eu que trago na destra a chave da porta do banheiro, que trago na testa o sintoma do mal. Eu que acordei entre sorrateiras carícias. Sei meu medo, mas fui escolhido e vi. Eu vi o canto. Eu sou testemunho. Eu, que desconfio desse testemunho, dessa união promíscua entre a faca e a ferida. Quem foi que pediu? a mim, que digo e renego. Sou eu quem mente durante o lamento. Mas fui escolhido. Os IPMs provarão que sou agitador, e os meus amigos impretarão habeas-corpus, farão diligências, mas ninguém poderá evitar o mau cheiro, o brilho, de meus e dos seus próprios olhos porque eu fui escolhido. Porque nós fomos escolhidos. Eu e Ronaldo fomos escolhidos, os únicos entre vinte milhões de padres, artistas, favelados. Por isso será dado um lugar especial para nós na História. Descobrirão em nós a nossa vocação desde a infância. Mas eu quero que ninguém se esqueça do recado: Da próxima vez serão outros. É preciso exterminar os 20 milhões.

Corte

Eles dirão de mim o que disseram de Cristo, de Edson Luís, de Ronaldo ou de qualquer outro, de Hitler, de Cara de Cavalo – graças a Deus não tive a mesma sorte. Graças a Deus eles nos substituíram. E botarão na vitrola um disco de Chico Buarque ou baterão uma punheta, como eu mesmo. E quem é que durante a sede não gosta de um bom copo d'água? Eles dizem: a violência gera a violência. Por isso eu voltei para perguntar. E o que é que gera a primeira violência? Eu

voltei para dizer que o que mais doeu foram as palavras que de tão antigas pareceram novas.

Corte

E em toda a Guanabara não existe um só que não
seja violento. Eu tenho no corpo agora novas fomes e
trago-as para dividir com vocês. A fome de dor, a fome
de prazer. A fome de Deus, a fome do Diabo.

Corte

No muro da Zona Norte meu coração falecia. O
recado ou o rasto ou o rosto no escuro. Porque o salto entre o tempo e a lembrança é dado detrás de um
muro e não há mais perguntas e há somente o corpo,
ou o seu presunto e o coração deitado quer deitar o
centro dentro da esquerda e dentro da direita, e onde
é que a onda acaba e onde é que começa? Eu enlou-
queci de repente entre o martelo e o sino batendo afli-
to. Tudo que é fraco tudo que é mirto. Oh juventude
dependente e escrava de tudo. Depois do que passei,
oh desventura. Quantas vezes já nasci. Eu já estava
para dizer, estou preparado para morrer, atire. Pensei,
é como viajar de teco-teco com um piloto treslouca-
do. Mas haverá então a chance de sonhar com a gló-

ria? Qual a probabilidade de existir mesmo Deus? Era o sonho com o embrulho de jornal manchado de sangue em que levamos nossa mãe esquartejada. Era o sonho com o tiro no jardim. Era o sonho com o medo de sair pela porta. Era o sonho com a namorada nos abandonando. Era o sonho com o apartamento no edifício periogoso em cima do Bob's. Ou era a própria realidade: eu sou um homem marcado, eu desagradei os exércitos. Ouvi uma voz que dizia: não temas diante deles, pois que as suas palavras são falsas. Não digas eu sou um menino porque virá de mim uma força, mas era só uma voz ao lado. Orfeu diante da morte. Tanta violência, tanta ternura. Essa vontade de deixar um documento acaba me matando.

Tocavam Miriam Ma Keeba (para-pata), Soy Loco por ti America, Guantanamera. Anunciavam a morte de Assis Chateaubriand, Martin Luther King, Jim Clark campeão de corridas internacionais que bateu de encontro a uma árvore quando passeava tranquilamente. Os corredores do quartel só mostravam mistério aos meus olhos plúmbeos. Era bom o ruído da chave na cela, ou era terrível? Era logo terrível e depois bom ou era logo bom e depois terrível? Sei lembrar que às vezes era bom e às vezes era terrível. Era uma voz doce, mas nunca o suficiente, embora já o fosse demais. Mas era bom aquela voz que segurava minha mão e dizia. Olhe isso aqui é o arroz isso é carne. Me digam amigos de que quem sou menos louco, digam meus inimigos de que quem sou mais louco.

Vou deixar uma garrafa térmica de café pra vocês. Mas o homem não suporta ficar na dependência do bem e do mal. Porque o bem é o bom e o mal é mau. – Tem uns biscoitos também. Quer que chame o enfermeiro ou o médico? Quando estavam com medo suas vozes eram doces e quando não estavam a voz tinha firmeza de uma espada de guerra. Mas a espada estava cega ou apenas deixava o silvo da sua passagem. E fiquei diferente, apenas porque mostrei as nódoas dos meus algozes aos olhos deslumbrados do povo. Como um pederasta que houvesse recitado o seu vício transformado em sonata num coreto de jardim. Enquanto ao lado a banda tocava insistentemente. Como Luis Carlos Prestes falando quase com lágrimas nos olhos: – Eles aumentaram o preço do açúcar que, como vocês sabem, é o alimento do povo. O sofrido Prestes cuja esposa judia fora entregue aos campos de concentração na Alemanha pela ditadura militar do Brasil de Vargas. Jetúlio Bargas. Há nos meus ouvidos sempre o sonho de uma banda militar. Tudo que é grandioso me deixa triste. Todas as imagens do Deus que não consola. Quero me lembrar da prisão e o meu cuidado viaja para a Bahia. Tento chegar ao escuro do cubículo e chego ao verde praial do Brasil. Me lembro de Nando, Dedé, Conceição e Judith (Juditi). Ou erro todas as balas em direção ao papa-capim. Cacau Petróleo e Paulo Afonso, são riquezas da Bahia, para a Bahia Governar em Juracy vamos votar. Os silogismos sempre mais perfeitos dos jingles das campanhas eleitorais.

Talvez estivesse lá o próprio sargento Tainha acolitado pelo Recruta Zero e pelo Filósofo. Não ninguém sabe. E os mil Jomares os mil filósofos a comer amargura da própria fome pelos 5 mil calabouços do nosso Brasil? E os amores hirsutos entre os muros da prisão (Das outras prisões. Eu estive em todas e, a maior parte delas, durante aquelas). Não ninguém sabe. Do lugarejo chamado Higueras e da morte por um tenente de olhar duro e metralhadora impenitente. Mas agora eu estou me dirigindo à latrina de madeira e me perco na escuridão e peço à voz de meu irmão que me guie e chego à caixa e me sento sobre o buraco redondo do meio, as calças estão dependuradas no joelho. É bom fumar um cigarro durante uma cagada no escuro da prisão. Depois me encontrei deitado no colchão úmido sentindo o maior pavor da minha vida e pensando: como estou sofrendo, como estou sofrendo. Foi na noite de 9 de abril véspera de meu aniversário que de repente eu descobri ter se passado ter se passado sempre na mesma cela. Mas eis que docemente, o pranto, a Santíssima Trindade: Jesus, Maria e José. O leite escorrendo das árvores da floresta de Ipanema e a embriaguez do leite explodindo no sorriso. E a compreensão de tudo que somente o leite dá. Do leite que cai e chama por Rute e Rute me leva pela mão para ajudar, para ajudar. – Que é que você acha dopolicial que matou o estudante. Você acha que estava certo ou acha que ele estava errado? Aaaaaaaaaaaaaaaaaaa (porrada). Dia 8 de abril 7 horas da noite. Vamos lhe vendar. Meu coração começa a tremer de medo. Irão me bater, irão me maltratar, não matar não é possível, mas por que vão me soltar? Que foi que houve, pergunto. – Não é nada, não se assuste, você vai mudar de gaiola.

Quarta noite. Durante a viagem Ronaldo me dissera: Ainda não chegou o limite. E durante esta noite num local escuro igual ao da noite da nossa detenção. Eu e Ronaldo. Ronaldo na frente, os olhos vendados como na primeira noite. E eu pensei, vai recomeçar tudo. Mas não. Esta foi a famigerada noite mais fria e a mais solitária de que me lembro até hoje. No dia seguinte quando nos puseram juntos eu perguntei a Ronaldo e ele me confirmou. – É, essa noite foi foda, eu acho que cheguei ao meu limite. E eu me pergunto: chegamos naquela noite ao limite de quê? Talvez ao limite do corredor frente ao qual se ergue a grande porta do medo. Não havíamos chegado. Não havia chegadas. E o medo já se ocultou entre as dobras do olvido. Restam fragmentos de fatos, como nas folhas dos jornais já lidos. Tento fazer uma boa sopa com esses ossos do já suportado. Mas haverá uma fome para ela? Hesito. Já duvido do próprio testemunho, sou o próprio espectador indiferente e insaciável que necessita de uma pantera nova para substituir o faquir. Aqueles passos metálicos se distanciam cada vez mais. Os solícitos soldados de camisa de meia, os maços de cigarro King. As mercadorias continuam o seu giro mecânico. Cada manhã um novo toque de clarim. Novos prisioneiros e talvez novos operários da maquininha de dar choques. O terror, as vozes ásperas, as sistemáticas porradas. Tudo fica abstrato no cotidiano. A menos que exista uma grande fé. E a fé depende do posto na hierarquia. Os soldados são anjos incompetentes. Sentinelas de um céu sobre o qual nada decidem, acabam por viciar-se com as miudezas do humano. Mas sempre com um certo tédio meio terno. Havia um praça que gostava de chegar na grade e dizer:

– Chato, hein, ficar aí dentro o dia inteiro sem fazer nada. Outras vezes mentia. – Isso é que é vida. Mas ele se referia talvez à própria sorte. E o único modo de experimentar qualquer privilégio naqueles corredores era levar a solidariedade aos que estavam do outro lado de uma qualquer grade interna da mesma gaiola onde estávamos todos. Mas a vantagem era sempre dos condenados que contavam com a ilusão de sua singularidade absoluta. Quem sabe? Mas eu li o relato de torturados do navio Raul Soares. O nome CENIMAR dói hoje na cabeça mais do que o da minha mãe, embora chegue até mim através do grito distorcido dos relatórios oficiais. Uma ilusão de vitória, de que agora tudo já passou, apodrece lentamente a carne do meu protesto. Eu sei que os meus amigos, eu sei que as mais belas cabeças da minha geração estão agonizando na cumplicidade dos travesseiros. E eu sei que as mulheres da minha geração estão correndo de bar em bar, até desaparecerem na madrugada dos volkswagens vorazes. Os primeiros golpes chegaram desde as sonolências das horas de sol sobre o verde da campina. Já estavam no oco dos beijos, no tumulto das partidas para longe e para lugar nenhum. Como é que eles descobrem nossa culpa? Quando verificam que já foram- os vítimas anteriormente, como meu irmão e como certos amigos que a gente encontra de vez em quando de paletó e gravata na melancolia de alguma feijoada dominical entre batidas de limão e piadas políticas cada vez mais sutis.

Corte

Eu já provei o gosto de quase todas as desistências.
Eu também já engordei e me colori no sol da zona sul
e vomitei minha esterilidade entre as pernas de muitas amigas igualmente caladas. E nós todos sempre
nos amamos durante todo o tempo. E o que é que fal-
tava? O Poder? Talvez. Ou o usufruto dos bens deste
reino. Eles pelo menos me ensinaram esta certeza: é
preciso sublevarrenomear todos os frutos. É preciso
fazer viagem na floresta dos números.

Por querer tanto, já não mais o terror
De ser jogado na loucura dessa fome
Que renomeia os frutos quando os come
Nem do teu sangue numa taça incolor

Ouvir tua voz é a única forma de sair do silêncio.
Cair na tua morte é o modo de vomitar o suicídio. O
labirinto, é duro, e sabemos a saída, mas as mãos são
amarradas e as portas são cerradas. O pátio do Co-
légio Antônio Vieira. Os padres, os milicos daquela
época. Talvez não D. Helder, não o Bispo Castro Pinto,
talvez não o Papa Paulo VI e nem Cristo nem Guevara. No pátio do Vieira eles faziam tortura psicológica
e no escuro das salas faziam lavagem cerebral. E de-

pois nos deixavam na hora do crepúsculo tremendo de medo a olhar para o cemitério marinho. A penitenciária dos padres como era enorme. Como a Torre de Babel, grandiosa e triste. Imagino que a minha mãe já estava morta desde aquele tempo. De vez em quando seu doce fantasma aparecia com aquele olhar tão triste e aquele sorriso adolescente. Era a sua aparição que dava o nome ao Domingo. Ou então era aquele outro nome de Domingo na solidão absurda dos campos de futebol, naquela solidão absurda dos domingos. Padre Melo é viado, é baixinho, gordinho e vermelho como uma ferida. Um dia quando a fila dos degredados filhos de Eva entrava na classe, ele me deu um soco no lábio inferior que começou a sangrar. Eu não sei que idade eu tinha naquela época; talvez uns 12 anos, mas o suficiente grande para saber na boca o gosto de sangue. Voltou. Agora as doces vozes dos sargentos voltam a lamber os meus ouvidos, suas carícias indecentes. Ou a primeira namorada, o seu hálito quente de carne crua. Ulisses conversando com as lacraias da casa de farinha. De súbito a gana de tudo que aquela prisão me ensinou que eu já havia perdido desde o princípio. Nunca mais cometerei qualquer pecado, era a promessa que eu fazia à vida toda vez que ela se aproximava de mim. Mas eu prometia para não ter que cumprir. Como a porta esteve perto durante aqueles dias. Mesmo que eu use as antigas palavras, a voz ficou diferente. Eu saberei cantar melhor as palavras e descobrir o acento arcaico de minha cidade.

Nossa porta se abre e surge um cidadão forte de uns 30 e tantos anos (João Batista de Oliveira Figueiredo) com um terno jaquetão de casemira azul-marinho. E nos examina, a mim e ao meu irmão. – Você viu o olhar desse homem? perguntei a Ronaldo. – É, esse olhar não foi mole não. Confirmou Ronaldo. Como naquele momento estivemos tão certos da nossa culpa! Naquele momento só pensávamos numa coisa: o tribunal chegou a uma conclusão, decide que os dois são comunistas e devem ir para o inferno. Como queríamos isso! Ou a absolvição. Menos aquele olhar que media e não dizia a medida.

Afora isto, que é que se tem a contar de alguns cubículos gelados onde por vezes entravam algumas vozes ameaçadoras...? Ou daquele estranho a quem na manhã seguinte eu pedi: – Não podem desamarrar meus braços um pouco? Eu não suporto mais. Eu prometo que não tirarei a venda dos olhos. Eu não quero ver nada aqui dentro. Eu só quero aliviar um pouco meus braços porque a dor é demais.

– Não, meu filho, não venha pedindo isso e aquilo. As pessoas que pensam como você deviam é ser exterminadas.

– Como o Senhor conhece as minhas ideias?

– Quem é Rute? Quem é Cara de Cavalo? Quem são esses retratos? Que foi fazer na cidade naquela hora, naquele dia?

Mas ele já sabia de tudo, Rute estava comigo, logo era comunista, também Cara de Cavalo era comunista, os retratos eram de comunistas. Chico Buarque era um comunista. Em suma, tudo que não fosse ele mesmo era comunismo, lepra, prostituição, pederastia, fedor, arte, cultura, cocô, subversão. E ele estava certoe estava pobre do mundo e dizia seu grito: – Não me queira mal garotão, mas eu tenho ordens para guardar você. Ele recebera ordens também para me desprezar. A ordem é obedecer. Como eu poderia lhe explicar que eu não recebera as mesmas ordens, que eu só recebia as ordens de tudo que não é nem fraco nem forte nem quente nem frio nem traz nada na destra ou na testa? O criminoso é sempre um juiz solitário, em virtude da sua solidão o compreendemos. O que eu não suporto mais é a justiça. Os últimos séculos saturaram nossos ouvidos de pedidos que com o hábito acabaram parecendo dádivas. De perguntas que se cansaram e viraram respostas. Igualdade, Paz, Progresso. 'Liberdade, quantos crimes se cometeram em teu nome'. Estou cansado desde o século XVIII dos crimes que não ousam dizer seu nome. Eu prefiro a violência nua às embalagens coloridas com que se esconde sempre a mesma coisa suja. Que importa agora que queiram nos devolver uma aparência que se diluiu para sempre no escuro dos quartéis? Não quero que se condenem os torturadores em nome de uma democracia que nunca ninguém viu, sentiu seu gosto ou foi consolado por ela. Prefiro meu cadáver apodrecendo ao léu do que a maquiagem num enterro social. Hoje eu sei que não estou morto em virtude de uma frívola discussão sobre a navegabilidade dos corpos humanos na água do rio. Guandu. Eu sei que estou vivo em virtude de um equívoco dos meus algozes. Eu estou lhe dizendo isto, leitor hipócrita, meu semelhante, meu irmão.

Não acredito na coragem daquele que não se aproxima da sua própria morte. Daqueles que morrem com certeza demais. Eu não conseguirei jamais esquecer a lamentação da cruz. Oh Deus, por que me abandonaste?

Agora eu sei que não odeio a liberdade, mas sua fraqueza em frente das grades de ferro da grande porta do medo. Como no dia de descobrir que já não seguramos mais a rédea da nossa mulher e vê-mo-la desaparecer ao longe na campina. Ou quando aquele velho carinho entre a orelha e o pescoço já não a faz reclinar a cabe-ça sobre a palma da mão. Ou quando no aeroporto ela diz que perdeu o medo de viajar de avião. Ou então quando você vê que o avião já não está no aeroporto e já não há mais tempo de explicar a ela que está errada em não ter medo de viajar de avião, que viajar de avião é, realmente, muito perigoso.

Corte

Eu sei de muitos, inclusive eu mesmo, que prefeririam morrer com elegância. Mas como escolher a melhor maneira de cair? Guevara tinha razão de dizer que o povo precisa aprender a odiar. A odiar todos aqueles que somente através da catástrofe nos fazem conhecer a nossa condição.

Não adianta oferecer a outra face ao inimigo. Ele recusa, quer bater sempre no mesmo lado. Conhece o nosso amor pela simetria e o despreza. O inimigo recusa nossa cumplicidade para que a desejemos absoluta. O seu primeiro passo é destruir em nós qualquer amor por eles. O homem morre com o seu amor. Quando não é mais possível de maneira nenhuma amar um ser, ou nos anulamos diante dele ou o destruímos. Em geral é a primeira possibilidade que ocorre com os torturados. Porque em geral não vêem nenhum meio de destruir os torturadores. Quando eu digo isso eu estou me referindo a todos. Porque na prisão eu descobri que não há senão torturadores e torturados. O único afeto possível é quando um homem reconhece no outro a sua própria condição. E esse afeto só deixará de ser apenas possível quando a porta do medo estiver escancarada. Afora isto só existe a humilhação, a união promíscua entre a faca e a ferida.

Corte

Acabo de ouvir os gritos de Ronaldo, exatamente os mesmos, vindos um pouco de longe como se ele estivesse querendo me assustar fazendo-me retornar à noite do dia 4. Ou será que eles o pegaram lá embaixo na portaria deste prédio. Por que todos os prédios são perigosos? Chego até a porta e vejo uma criança loura, e ela está murmurando para si mesma sons surdos e ritmados. Será que ela sabe, eu me perguntei. Isso já é um sinal de loucura. Recuei assustado aos limites do senso comum.

Mas agora reflito, estará o senso comum, a razão do dia-a-dia, aparelhada para captar as informações obscuras do nosso tempo? Ou qualquer palmo de lógica terá que ser ganho numa vitória concreta sobre o absurdo?

Enquanto eles estiverem à solta, e eles estarão à solta por toda a minha eternidade possível, caberá sempre cogitar das probabilidades menos habituais. Durante meus oito dias de tortura eles me privaram de toda e qualquer remota certeza que porventura ainda houvesse em mim. Mas eu sei que não me enlouqueceram, ou então a loucura é apenas a abertura para as hipóteses proibidas.

Durante aquelas noites ouvíamos sempre gritos de outros torturados, mas como poderemos saber que não era somente o eco dos nossos próprios gritos, aprisionado no silêncio noturno do quartel? Qualquer exagero que exista nessas considerações nunca poderá ser comparado ao exagero deliberado e intencional que costumamos fazer sobre a ideia de nossa segurança.

Continuar a escrever é como continuar aquela noite, naquele hiato entre o dia 7 e o dia 8 de abril em que comecei a rezar o Padre Nosso repetidamente até comer todas as frases. A princípio eu só compreendia o 'Não nos deixai cair em tentação'. E fui repetindo até retirar todas as camadas de silêncio que haviam caído sobre aquelas palavras desde o princípio dos séculos. No início da madrugada, junto aos primeiros cantos dos pássaros o sal daquela oração já se diluíra no sangue e eu já não sentia frio nem angústia e esperava tranquilamente o ruído da chave na porta, as vozes, o mundo.

Mas foi preciso que antes da oração morresse em mim toda a esperança física, toda a vontade de não estar ali, de ser salvo. Foi preciso que eu me rolasse no chão, que eu lambesse a poeira, que eu mordesse com a boca do corpo tudo que não fosse nada. Foi preciso aprender na pele que o ente existia e não o nada. E então eu pensei: o problema da existência de Deus não foi ainda bem colocado, pelo menos para mim isso passou a ser um falso problema. Porque seguramente o existir existe. O preço que eu pagara até ali pela minha falta de fé havia sido a própria anulação do que há. O real é real, existe. Deus é real, Deus existe. Deus é o que existe mais o que falta. 'Venha a nós o Vosso Reino'. Ali compreendi as sempre adiadas e ao mesmo tempo celebradas núpcias do real com o necessário. 'Seja feita a Vossa vontade, assim na Terra como no céu'. E fiz depois a minha ação de graças, cantei o homem e cantei a mulher. Ave Maria Gratia plena, Dominus tecum. Benedicta tui in mulieribus. Benedictus fructus ventris tui Iesu. Sancta Maria Mater Dei ora pro nobis pecatoribus. Nunc et hora mortis nostrae. Amem'. Mas eu tive todas as terríveis dúvidas, eu me pensei o diabo tentando Deus. Eu não estava livre, mas algo havia sido descoberto e pensei, só voltarei a rezar quando não estiver em desespero. Mas aí, descobri que o desespero também existia, que as cordas eram mais fortes do que o pulso, que o frio estava fora de mim e me invadia. Meu desespero e o mundo estavam fora e dentro, eu não dependia de mim e pensei: eu também sou esse desespero e essa oração, minha fé é o frio que me invade, está adiante e dentro de mim. Minha fé me ultrapassa, ela é esse gosto de couro e poesia que suplico ao chão. Como desejei que aquele sofrimento, aquela certeza do mundo nunca mais se acabasse. E tive medo do respeito humano, da inveja, e me prometi voltar a rezar, a provar o amargo intenso de todas aquelas palavras quando não estivesse mais ali. Eu descobrira que não voltar a rezar era o mesmo que tapar o sol com uma peneira ou mandar matar, como Ricardo III, aquele que lhe deu o cavalo durante a batalha. É por isso que não quero inter-romper o relato e que agora sei que fui enviado para prestar o testemunho, porque fui consolado segundo a lei do mundo.

Corte

Os outros cidadãos deste país poderão dormir tranquilos. Uns preferirão pensar que tudo não passa de uma farsa, outros dirão que de fato aconteceu alguma coisa, mas que a imprensa sensacionalista, como sempre, exagerou o fato. Ainda outros colocarão o acontecido na área do excepcional, da qual estão salvaguardados por misterioso privilégio. Cada qual a seu modo, todos acabarão por dormir profundamente. Mesmo aqueles que, querendo enfrentar o fato de modo mais aberto, consigam um resultado mais concreto. Um dia acabarão por pensar: afinal dedetizamos a casa, já se pode falar de flores. Mas eu, de vez em quando (porque eu também de tanto cansaço acabarei por dormir profundamente), acordarei de madrugada em sobressalto para ver se eles ainda estão em torno com os instrumentos nas mãos e o riso porco em torno aos insultos.

O meu primeiro sonho na prisão ainda estava povoado de imagens habituais. Eu e um grupo de amigos tomando uísque Drury's e discutindo sobre psicanálise, cibernética, metafísica, LSD, Roberto Carlos, seguíamos para a casa de Vinicius onde se celebrava o lançamento de uns jovens cantores que chegavam da Bahia e cantavam afinadíssimos as músicas de Dorival Caymmi e outras composições suas, tudo sobre praias, tristezas, partidas, sorrisos. Mas a porta se abre e surge o rosto de Artigas. – Como é que tá? Vou desamarrar suas mãos pra você tomar café. E eu começo a pensar no que aconteceu na véspera. É, de fato minhas mãos estão amarradas, o chão coberto de jornais rasgados e o fedor de urina da tanga que me deram para vestir é quase agradável, e agradável é o dia, a chegada de Artigas, as mãos desamarradas, o copo de café com leite, o pão com margarina. Provavelmente vai recomeçar tudo, que pena, seria tão bom que me deixassem quieto aqui neste canto pensando, tremendo, e chorando. – Agora acabou, você não vai mais apanhar. Me lembro da viagem de Kombi, eu me dirigindo a alguém que eu sentia ter todo o poder sobre mim. – Estou tranquilo, apesar de tudo porque acredito que, uma vez que os senhores verifiquem que tudo não passa de um mal entendido, nos libertarão, eu acredito que os senhores serão justos. – Bem, quem não deve não teme, se nada for apurado naturalmente vocês serão soltos, não precisam ficar preocupados. Quase imediatamente depois a Kombi pára, abrem a porta e alguém ordena: – Sai um de cada vez. Salta Ronaldo, e de não muito longe chegam os urros e os ruídos dos golpes. Meu irmão está gritando como uma criança, eu nunca o ouvira gritar antes. Algum tempo depois a mesma voz ordena: – Traz o outro baiano. Despem-me e uma chusma de castigos duros desce sobre mim. E começo a gritar como uma criança. – Ele não usa cuecas, deve ser para tomar no cu. Eu não imagino que estão me castigando somente porque não uso cuecas ou por causa do meu cabelo comprido demais para os padrões militares. Aliás eu não sei nada, absolutamente nada além de que uma brecha se abrira no meu mundo e que eu caíra. O pequeno poder que eu acumulara durante anos sobre algumas relações sociais, a imagem com que eu ferira algumas retinas e que me permitira algum desleixo no jeito e no modo de andar, enfrentava o escândalo de sua nudez. Agora eu pertenço ao grupo dos atingidos, ao grupo daqueles a quem as pessoas só se referem nos momentos especiais. Daqueles que voltam para verificar que as canções são outras e que é mister aprendê-las sem perda de tempo. Mas não naquela hora. Ali era o ato precipitado de morrer. Tudo muito maior, mais certo e definitivo do que fragmentos de dor, ideia, esperança e pecado que armava o painel onde eu procurava me pensar ungido atado e firme. – Quem é Rute, quem é Silvia?

Como eu posso saber, não sei nada, juro. É impossível mentir na hora da tortura, é. Mas o que é que eu sabia, sobretudo naquelahora? Todas as noções anteriores desaparecem e ficamos esmagados pela aflição de uma pura e culpada inocência. – Quem é fulano, quem é beltrano?

Não me deram nenhuma confissão para assinar, não me puseram no 'pau de arara' ou no frigorífico, não aplicaram choques nos meus culhões nem arrancaram minhas unhas. Eu não cheguei a ponto de escolher algumas formas de torturas a outras como aconteceu com os mártires da CENIMAR de Pernambuco, Rio Grande do Sul, etc. Não foi necessário. O próprio comandante me havia dito que aquilo era só uma amostra do que viria acontecer depois, se alguém ousasse exercer sua humanidade. Mas não tenho direito agora de minimizar o meu sofrimento. Talvez pareça brando dizer que apenas fui humilhado e ofendido. Não oferecerei o espetáculo circense de minha degradação física ao apetite sempre insaciável dos indiferentes. Mas quem tiver ouvidos ouça: Eu fui cumprir o meu dever de cidadão e recebi como paga o vômito de fogo que saía do inferno da alma dos torturadores. Quem quiser acreditar acredite, quem quiser compreender compreenda: prenderam-me para que eu transmitisse à minha classe o sinistro recado.

Corte

Não existe a chamada predisposição à loucura, ela, a loucura, é apenas uma pobreza maior. Quando eles nos privam de nossas referências, de nossa linguagem, só resta a lucidez solitária da loucura. A própria loucura não existe, mas a nossa incapacidade de responder às mensagens arriscadas dos alucinados. Só existe a nossa loucura e ela nós abandonamos nos cubículos do sono. Perde-se a razão como se perde um braço, um amigo, como se perde o bonde ou a esperança. Seria fácil dizer que passei por uma grande experiência, mas a verdade é que não se trata de uma experiência como tomar drogas, ou fazer uma excursão, pois não existe retorno.

Corte

Todo sistema jurídico está baseado numa concepção vulgarmente materialista do homem. A que eu saiba os atentados contra a alma têm a mesma impunidade dos crimes perfeitos. Quem foi condenado por falta de amor? O crime também não existe, só existem os pecados, não os referidos dos códigos. As leis são produto fetichizado da consciência, a negação da liberdade. Mas elas são necessárias como os exércitos e os prostíbulos. De resto que tenho eu a oferecer de melhor? Eu que só tenho sobrevivido graças à complacência de todos os juízes? Que é que falta nas leis, nos exércitos e nos prostíbulos? Não, refiro-me apenas às leis porque nos exércitos e nos prostíbulos existe a vida dos homens sempre ultrapassando a medida de suas prisões. Mas nas leis falta alguma coisa, talvez essa coisa seja a própria culpa, essa graça que aureola a face dos criminosos.

O marquês de Sade foi o único torturador que teve o direito de sê-lo e justo porque não o tinha. Porque os torturadores oficiais apenas cumprem ordens. Na verdade procuram humanizar o seu ofício com alguma paixão, mas tão pouca que nem existe. Eles não são nem mesmo violentos, violenta é a dor dos torturados, e é ela o dom que eles buscam inutilmente. Estou me referindo aos chefes, não aos operários da máquina de dar choques, porque eles nem sabem o que fazem. Um deles no dia do meu aniversário me dirigiu a voz suplicante: – Vocês têm uma ideia falsa do exército, você que é artista plástico, deveria ver as nossas criações artísticas, os nossos murais, tudo o que nós criamos. Que é que vocês pensam, nós também somos artistas!

Eram todos artistas no quartel, não o fossem, donde nasceria a volúpia do verde, da ordem, da marcha?

– Vocês querem que o Brasil, nossa pátria amada se transforme no Vietnam ou nos Estados Unidos? Nós os torturamos porque não queremos que o mal cresça. Para que vocês não esqueçam orecado. Vocês se queixam de quê? O Brasil é o país mais livre do mundo. Se fosse em outro país, você acha que a gente estaria conversando assim?

– Que acha de Guevara? Estudante fazer agitação na rua. Acha certo? Que acha dos conflitos raciais? Os comunistas querem destruir nossa tradições, você acha certo? Ah! É isso então que eles querem. O ideal da revolução é este? Da próxima vez, o inferno. Disseram. Digam isso à esquerda festiva. Da próxima vez enfiaremos charutos acesos na buceta dessas vagabundas que vão fazer passeata contra a censura.

Eles querem assim o brasil-bandeira de capim e flores amarelas do medo. E quem nos livrará da tristeza marcial, da solidão tropical, da morte sufocada na hora do jantar? O Brasil que ouvi da voz melancólica dos torturadores eu recuso. É preferível a guerra, é preferível a vida desgrenhada e ensanguentada, a sentir a sombra do totem apagando os caminhos.

Se eles têm medo da vida, eles que o sintam. Se têm medo de perder a segurança por que devo, eu que sou pobre e inseguro, sentir o seu medo? Eles que cuidem de sua democracia construída sobre os ossos dos miseráveis. Não é a sua democracia que vem passar a mão sobre os meus cabelos nesta hora atribulada. Se eles odeiam o sexo, não sou eu que devo guardar sua castidade. É para isso que nos humilham, para que cantemos suas sinistras preces, para que calemos sua nudez. Mas eu sou alegre e fecundo e meu dever é a alegria e a fecundação. Mesmo que meu rosto se torne duro e meu corpo estéril como um lajedo.

Sei que se eles me pegarem de novo essas palavras que me são doces na boca serão amargas no meu estômago, mas minha vida é aqui enquanto não me soterram na bilis de sua impotência. Como é duro, irmão, como é duro, Rute, não estar com você agora. Como é duro não poder esquecer que eles existem, que eles são poderosos. Como dói agora minha liberdade desarmada diante das baionetas. Mas será que estávamos melhor antes de avistar a chegadado molok no horizonte? Qual era o mau-agouro que se abatia sobre os nossos mais sagrados projetos? Por que éramos sempre tão insaciáveis? Era sempre tão pouco o amor infinito em cuja eternidade permanecíamos embriagados.

Que angústia durante a imprudente aventura de sair de mãos dadas na tarde ensolarada. Que decepção na hora de cada abraço esperado há tanto tempo. A verdadeira vida está longe e o amor precisa ser reinventado. Eu sentei a beleza no meu colo e achei-a amarga e injuriei-a. A hora do caro corpo e do amado coração, que tédio, meu Deus! O primeiro Deus é o primeiro General, é o Pai, mas quem é Deus sem a nossa espada, quem faz o pai a não ser o filho? Como é doce, irmão, esse encontro conseguido contra o medo, como é doce, Rute, esse beijo roubado à morte. Como é doce saber que nós existimos e isso é anterior a todo o poder.

Desfalece aos poucos o intento de costurar esse relato. O mesmo eu sentia no quartel ao pensar, nunca mais nunca mais irei à praça, eu faria tudo para voltar atrás, mamãe bem que dizia: fica quieto em teu berço menino. Mas o passado que eu supunha ter havido em algum lugar da infância me abandonou de vez. Nunca estive em outro lugar que não fosse em frente à grande porta. E eu era feliz? Deixei para sempre de ter sido agora. Daí foi um passo para descobrir que o passado foi sempre, desde o princípio, passado. Que o passado foi a desculpa que nos demos para confundir a madrugada com o crepúsculo. Só o irreal nos abandona. Nada morreu, e o que sumiu foi porque não havia segundo a lei do mundo. Não houve as hortas, Brotas, Olhos D'água. Tudo tentou nascer, apenas isso. E em meu peito cada morto é uma semente, um verme gordo corroendo o coração. Bastaria talvez um pequeno passe de mágica e também esse passado, de 4 a 12 de abril, se dissiparia. Tanto hoje como naqueles dias a vontade de negar. Sim, eu estive no quartel da II Becondi da Vila Militar de Realengo. E daí? Meu corpo durante algum tempo foi o centro de alguma coisa, da atenção dos militares.

Eu ia à missa de Edson. Quem é Edson Luís? Quem é Rute? Quem é Afonso Reyes? Quem é Frederico Nietszche? Quem é Sócrates? Quem é Garcia Lorca? Quem é Henry Olleg? Quem é Lumumba? Quem é João XXIII? Quem é Rap Brown?

Estou tão longe de tudo... Mãos sempre ásperas fizeram-me desfilar ao longo dos corredores. O corpo de Ronaldo era golpeado e nós estávamos em algum ponto da América Latina. Eu poderei descrever talvez a impressão do corpo de Ronaldo recebendo os golpes. Mas a nudez do seu corpo se comoveria? Talvez o Torso Arcaico de Apolo...

Que diria o nascituro do seu próprio grito? Ali entre as mãos espasmódicas... "Há uma hora em que os bares se fecham e as virtudes se negam".

O rio de sangue que passa no meio do colete do presidente Getúlio Vargas e se detém no coração da minha mãe para explodir depois no meu pulso esquerdo e no pulso direito. Já não mais é abril, começou o mês das noivas. Como é difícil soterrar na folhinha e chamar de vivido o no entanto presente. Como a leve cicatriz no pulso esquerdo. Como são recolhidos pelos dorsos dos fantasmas os hematomas do tórax, da região glútea, do abdômen. Eu poderia até descrever o ciclo da maçã desde o tronco cortado e tornado a primeira moeda que desce a dupla escada até o pai de Gregório Samsa que vai depositar no túmulo a sua herança em dinheiro, até que por vários estágios este chegue ao lixo. É assim o processo linear da inutilidade de viver. Sem contar os estágios em que os braços se alçam e os dedos tremulam como terminais elétricas e o rio de sangue quando chega no túnel do pescoço se desfaz em vulcão. Tudo eu poderia, menos ser ainda naquela vez escusa deitado no colchão, e estátua da liberdade com os olhos vendados e a justiça inclinando a mão enquanto à noite entravam os abutres para fazer a inspeção das carcaças. No silêncio calculávamos o nosso tempo de desdita. Se o sonho dizia 8 dias dez dias a Bíblia dizia: Entre o sonho e a promessa, a confusão.

Corte

Depois de abril, ainda abril, abril é que é a prisão. E em abril na semana da paixão, da paixão segundo os dois irmãos. Da paixão segundo R.D.

Não havia mulheres no quartel, é bem verdade que uma vez pareceu-me ouvir uma voz de enfermeira, mas é impossível saber se de verdade ou não. Às vezes eu tinha medo de sofrer de claustrofobia. Mas a cela, pelo contrário, parecia-me sempre espaço suficiente para moradia. Eu comparava a cela como o meu quarto no Solar da Fossa, a diferença é que no Solar eu tinha a impressão de saber sobre tudo, a duração das penas, a qualidade dos castigos, etc. Eu imaginava chegar à janela do Solar e avistar o poste de luz, os carros chegando, a possibilidade de fazer uma ronda em Copa ou Ipanema. Mas nunca imaginava a própria ronda, somente eu estar deitado na cama do Solar podendo fazê-lo. Outras vezes pegava um livro, mas acabava sempre tão deprimido que, somente no último dia quando se configurava a possibilidade de ficar livre, voltei a ler. O primeiro livro que me deram era de Alex Viany, mas eu parei cheio de angústia e terror na parte que falava daquele italiano que viera fazer filmes no Brasil e se tornou um baluarte da cinematografia brasileira até que foi preso por um policial que o escutou a conversar com um conterrâneo na sua língua natal. O policial pediu-lhe os documentos, como estava sem eles foi conduzido ao Distrito onde levou tanta porrada que acabou morrendo dias após.

Deram-me um livro da biblioteca do exército chamado *População, riqueza e produção*, onde o autor defendia a tese de que o crescimento da população era a origem do mal. E me detive trêmulo a imaginar que eu seria diariamente torturado por ter nascido 'gauche' num mundo já sem lugar. Todos os livros acabavam por me levar ao tremor. Menos a Bíblia, da qual eu li o Apocalipse de São João enquanto pensava numa leitura que ouvi dele por Dedé, e pensava no poema de Caetano. "O Cavalheiro do Apocalipse". Tudo parecia cheio de augúrio no cárcere. Cheguei a ouvir no rádio o título 'Apocalipse Segundo João', um pouco antes ou depois, e sem relação nenhuma com o fato de mencionarem a morte de Assis Chateaubriand. Só me interessei pela Bíblia que era uma estória de pessoas em dificuldades como eu e que tentavam fundar uma transcendência a partir da sua condição enquanto tentavam transformá-la. Eu me sentia como escolhido para participar do sofrimento dos discípulos de Cristo. Eu me senti Jeremias, João, Mateus, Ezequiel, Jó e afinal Adão.

Todas as vezes que acabava de comer, a temperatura subia em virtude das pancadas no abdômen. Havia quase sempre cigarros embora faltassem fósforos, e havia um bule de refresco e um copo.

Eu pensei naquele amigo que se matara em abril de 64 cortando os pulsos com gilete. Matara-se por medo ou tristeza, durante o mês de abril.

Enquanto houvesse um copo eu estaria seguro, se a barra ficar muito pesada corto os pulsos, pensava. Mas eu conseguiria? E a esperança implacável a impedir a loucura? A esperança rejeitando-me a tudo. *Oisive jeunesse a tout asservie.* Mas o medo ia e voltava, o medo insuportável de desistir. E constantemente me detia a considerar a simetria de nosso sofrimento, meu e de Ronaldo. E pensava em Rute e Silvia e gostava de ver nessa coincidência um augúrio. Como eu duvidei.

Durante cada noite eu jurava fidelidade e negava setenta vezes sete vezes. Meus amigos me procuram? Rute ainda lembra de mim? Será que o Chebabi pode fazer alguma coisa, ou o Dr. Machado que é coronel da reserva e ex-combatente na Itália? Pensava em Dr. Sobral Pinto impetrando habeas-corpus como um sonho megalomaníaco em que eu me sentava ao lado de Graciliano Ramos na mão direita de Deus Padre, todo poderoso. Durante todo o tempo eu me senti escolhido para prestar um testemunho como Jeremias. Mas não como se já estivesse escritono livro de fogo mas como uma união entre a contingência e a perfeição. Recitava para mim todas as noites trechos de um poema que eu dedicaria a todos os famintos da terra, aquele excedente humano do qual se origina a ideia de super-população. Não a população, mas os outros que, tendo vindo sem serem chamados, provocavam a miséria do mundo. Outras vezes começava a chorar e me fazia bem e pensava: as lágrimas são como leite. E voltava a acreditar que seria consolado, foi por isso que ao ler o manifesto dos artistas e intelectuais na Sexta-feira da Paixão, já livre voltei a chorar. Eu sofri? Sofri. Parece mesmo incrível que possa haver para uma mesma alma sentimentos tão diferentes como os que experimentei naqueles dias e os que volto a sentir hoje, tendo livres as mãos e podendo decidir. Aí reside a grande dificuldade de relatar. Acredito que sou o mesmo indivíduo mas a relação com certos fatos primordiais alterou-se profundamente. Por exemplo, atualmente a ideia de morrer já não me parece tão assustadora, chego a preferi-la à ideia de voltar àquelas câmaras. Já não posso esquecer da segurança que sentia quando o copo de vidro estava ao lado do colchão. E acredito que eles considerassem a possibilidade do suicídio porque na noite em que deixaram o copo com a garrafa térmica de café um deles disse: – Vê lá se não vai fazer alguma bobagem.

Mas assim como durante a prisão a vida de livre perdia a consistência, agora já não consigo me imaginar completamente ali, presa dos algozes e do meu terror. Se não fosse a certeza que eles me deram de que não há lugar para um homem como eu no universo que eles imaginam, e que por isso é preciso advertir todos, lutar de todas as maneiras, eu talvez desistisse da pesada tarefa de denunciá-los. Mas todas as circunstâncias indicam que não há outra coisa a fazer. Durante muito tempo eu pude me enganar com a ilusória imagem de uma solidão radical. Era o modo de conciliar, de calar sem cair no silêncio definitivo da abdicação de mim mesmo. Mas eles invadiram até o último compartimento onde eu poderia esconder o meu nome. Agora para calar seria preciso apagardo real qualquer vestígio da minha existência. É nesse sentido que eu disse em outra parte que o que eles poderiam me fazer de mais grave talvez já o tivessem feito. Não quero por outro lado criar o equívoco de que a consciência disto faça diminuir o medo, ou sirva como fórmula para aliviar o sofrimento. Ou mesmo que a decisão de lutar implique necessariamente na possibilidade de vitória. Apenas quero mostrar que a partir da queda, ser e lutar se confundem. E depois dela nenhuma desistência poderá se fazer para mim doravante acobertada por qualquer racionalização. Chegamos ao antigo dilema Hamletiano. Foi por isso que antes de procurar a imprensa para a entrevista coletiva sobre as torturas eu disse a um amigo: – Apesar de todas as ameaças e do risco de enfurecer mais ainda as forças armadas eu sei que o único caminho é a denúncia. Mesmo assim quero tempo para pensar se o farei ou não. Talvez não houvesse necessidade de pensar o eu, apenas tentasse me dar alguma ilusão sobre a liberdade de escolha naquele momento. Sim, porque o problema é apenas ser, fazer, escolher outra alternativa era impossível. Não ser ou não fazer seria apenas falta o indício de que eu já não estava vivo. E como de fato eu estava vivo fizesse o que fizesse, e de todo o meu corpo continuaria a brotar a mesma vida com a qual eu granjearia a fúria dos violentos, desistir naquela hora seria tentar o nada.

No entanto conosco havia outros, por que não protestaram? Pode-se explicar de mil maneiras, mas nenhuma jamais me convencerá de que essa absurda tentativa de omissão não foi um equívoco ou um fracasso. Oh! Quimera da salvação que tem inutilizado tantos destinos. E sei que comprometer-me é apenas agora dar conta do compromisso que eu já assumira antes ao permitir-me não morrer.

Os homens que passaram pelo que eu passei e não se levantaram contra estão sendo vítimas de uma fraude criada por eles mesmos. Com isso não quero dizer que meu ato me tenha livrado do risco de por minha vez agir de má fé. Não existe abrigo nemmesmo para a ilusão de se ter um abrigo. Só que esse risco eu descubro que não comecei a correr agora,diante do problema atual de tomar uma decisão, o risco começou antes mesmo de mim. O risco é tarefa comum da humanidade que me permite a vida, a linguagem, todos os vícios e todas as virtudes.

Eu disse que fui escolhido, algumas pessoas a quem disse olharam-me de soslaio, como se eu tivesse enlouquecendo. Mas quem tiver ouvidos mais uma vez ouça: EU FUI ESCOLHIDO. Entre 80 milhões eu fui escolhido. Haverá alguma sandice em dizer que fui escolhido? Será que não entederão o significado desta frase? Entre milhões de espermatozóides nos culhões do meu pai EU FUI ESCOLHIDO. Haverá algum privilégio nesta escolha? Haverá algum privilégio em ser escolhido no escuro de uma rua, ser levado para um quartel e ser torturado? Ou será que as pessoas pensam que eu fui com os meus próprios pés até a Vila Militar e pedi a um grupo de paranóicos que me apliquem choques elétricos, na boca, nas axilas, nas orelhas? Para depois ir aos jornais e figurar nas primeiras páginas ao lado do Dr. Barnard?

Quero dizer com isso que o mesmo aconteceu com Edson Luís e com você. A diferença entre vivos e mortos está em que os mortos não existem. E não existe abrigo contra a nudez.

Há uns quatro dias que não escrevo. É o medo na sua forma mais eficaz, aquela que não aparece em nenhum sintoma. Verifico que o medo agiu profundamente sobre este relato fazendo com que eu me mantivesse à superfície das situações mais difíceis. O medo é sempre o mesmo, o medo da vida ou da morte. Durante estes quatro dias eu tentei escapar. Lembro-me de como perdi tempo me olhando no espelho durante estes dias. Por isso não me sinto bem agora. Verifico o quanto falta-me ainda de autenticidade para fazer face ao que pede a vida. É assim que o mundo termina, não com um golpe mas com um soluço. 'É assim que o mundo termina, não com um golpe mas com um soluço'. É assim que eles nos matam sem que sintamos, apesar de tudo volto a tentar, e voltarei sempre que restar algum alento na alma.

A leitura dos livros na prisão, o sórdido pavor ameaçando cometer uma traição a todo momento. O desgosto, a aflição, a vontade de ter certeza de que é necessário continuar o trabalho e os dias, intuir a existência de uma força maior que o medo. Tudo longe. Vontade de ter ajuda de alguém para sair da angústia e fazer o que cumpre fazer. Como o medo é nojento. Não o comovente medo do corpo inocente diante da opressão, aquele que pede o abraço e busca e treme, mas o medo maior que leva à mentira, que se esconde atrás dos brancos capuzes. O medo que leva à escolha da falsa alegria, do sorriso de fingimento. O medo que leva à ganância, ao esquecimento do rio comum onde corre a alma das almas. Não o medo de Luciano, cuja nudez se revela em seus olhos, na infantil ternura de todas as suas culpas e me faz amá-lo. Mas o medo encardido dos falsos poderosos ou o sórdido medo dos heróis da crueldade e da inconsciência.

Ah! Como é certo que os corajosos são os que mais amam! Não existe a coragem, mas a doçura do coração amante diante da qual hesitam as espadas.

Padre nosso que estás no céu. Santificado seja o Vosso nome, venha a nós o Vosso reino, seja feita a Vossa vontade, assim na terra como no céu. Deus é amor; seja feita a vontade do amor não a da indiferença.

O pão de cada dia, o alimento do tempo que seja amor. Perdoai-nos pelo pouco que temos amado. (Como é longo o caminho do peito à boca). Não nos deixeis cair em omissão mas livrai-nos Senhor da morte. Amém.

Corte

Um amigo me disse que eu fora injusto ao acusar os que não denunciaram a violência de que foram vítimas. Não quero deixá-lo sem resposta. Em primeiro lugar quero esclarecer que, ao falar de cumplicidade, quanto ao silêncio dos que não se revoltaram não faço acusação particular a ninguém. Mas mentiria se, mesmo compreendendo e amando os que não puderam se levantar, dissesse que não se levantar seja certo. E essa é a razão pela qual me levanto. Sei que posso fazê-lo mais do que algum outro e, fazendo-o, estarei criando condições para que outros tantos venham a encontrar razões para fazê-lo também. Alguns morreram e eu os amo. Mas amo-os apenas e não à morte. Eu amo e respeito todos os que não puderam lutar porque não tiveram condições e por amá-los tanto é que mais ainda odeio o que lhes fez calar, e tento combater. Ao meu amigo eu respondo que tento não confundir os miseráveis com a miséria. Que tento ver que o que às vezes faz a miséria parecer bela é o sangue dos miseráveis. Não nos deixeis cair em tentação. É preciso não cair na tentação de não separar o delator da delação. Na tentação de não ver que o delator antes da delação foi privado do próprio nome. No meu coração a presença do perdão não exclui a dos mandamentos.

Hoje Ronaldo nos leu o trecho do evangelho em que se narra a tragédia de Pilatos e a glória de Jesus. O alimento do perdão é doce e triste, mas o alimento do amor verdadeiro é amargo e inefável. E é dele que se nutre a eternidade de Cristo. Dizem alguns que a piedade é um vício. Para mim, mesmo que seja, ela é inevitável. A carne da minha esperança se constitui no entanto do outro sentimento maior.

2 X 68

68 foi o ano da paixão. Ano em que eu vivi o meu calvário numa curiosa e tropical imitação de Cristo. Esse foi o ano da minha morte. De lá para cá o que tem se processado é uma longa e dolorosa ressurreição. Fui banido da minha vida de forma traumática durante a semana de 4 de abril desse ano, ao tentar cruzar os umbrais da Igreja da Candelária para assistir à missa de 7° dia de Edson Luís, estudante assassinado pela polícia do Rio de Janeiro numa manifestação de protesto contra a comida que se servia num restaurante universitário chamado Calabouço, nome esse bem indicativo da qualidade da comida que ali se servia.

Esse fato gerou uma indignação popular no Rio, num momento em que a ditadura militar completava a mostragem do seu quadro cruel. Fui arrastado por essa onda de protestos através do meu irmão e da minha namorada, o que resultou na minha prisão ou sequestro com torturas du rante a Semana Santa daquele ano. Eu era um artista boêmio da esquerda festiva, no apogeu do tropicalismo, ganhando bem como diretor de arte da Editora Vozes, *enfant gaté* do provincial da Ordem Franciscana Frei Ludovico, que dirigia a editora poderosa, a maior do país, que nessa época publicava folhetinhos com tiragem de um milhão de exemplares. Tinha uma linda namorada e me achava feliz com os dons que Deus me concendera. Tinha um Chevrolet tipo Bonnie and Clyde com o qual eu passeava na Vieira Souto a 40 km por hora. Morava com Caetano Veloso, Paulinho da Viola, Zé Keti, Duda, Abel, Torquato, Gil, Gal, Paulinho Diniz e Sérgio no chamado Solar da Fossa, onde hoje é o Canecão. Morava no Rio há oito anos. Fui morar lá no início de 1960, quatro anos antes de 1964, ano do advento da Ditadura Militar, quando uma leva de baianos se mudou pro Rio, como Caetano e Glauber, entre outros.

A nossa prisão, minha e de Ronaldo, no dia da missa de 7º dia de Edson Luís, se tornou, devido às circunstâncias, o fato mais importante do país durante esses dias, e eu fui fugazmente promovido, juntamente com meu irmão Ronaldo, à condição de herói nacional por ter denunciado pela primeira vez, de forma clara, a prática da tortura em dependências do exército, no IIº Becondiv, da Vila Militar de Realengo. O incidente envolveu pessoas muito importantes, como o general Figueiredo, então Chefe do SNI, com quem estive em contato, do qual dou testemunho no relato que tentei em vão articular nos dias que se seguiram à minha prisão.

Já lá se vão 24 anos desde a prisão, ocorrida muito antes do nascimento da minha primeira filha Areia (que aliás, juntamente com as outras duas, Damiana e Aninha, me estimularam a retomar este trabalho que escondi há tanto tempo). O meu desejo de escrever tem sido intenso e profundo durante tantos anos de silêncio, mas sempre faltou alguma coisa que tornasse isso possível. Talvez essa coisa esteja começando agora a acontecer em Brasília, no ano de 1992.

O medo é a experiência que é o objeto deste relato, que é ao mesmo tempo também delírio e colagem, em que citações frequentes são incorporadas à narração entre reflexões e *stream of consciousness*. Muitas e muito especiais tem sido as pessoas que têm querido arrancar de mim essa mordaça, suprema realização do medo, para derrubar a tenaz resistência do meu mutismo e impedir a perda consequente da minha identidade.

A minha cura passa necessariamente pelo reencontro com as palavras. Parece que coloquei nelas, e somente nelas, toda a minha emoção possível. E se nelas não a coloquei, dela fiquei privado. Os longos anos em que, para fugir de mim, desejei ser só tudo que eu não fosse, com aquela inveja oriunda do despero de ter me perdido. Para mim as cores e os sons foram talvez meros reflexos da palavra, lugares para onde a palavra foge de si mesma.

Agora me toca falar. Tudo já foi há tanto tempo. Emotion recalled in peace. Afinal se deu o afastamento necessário à visão do que foi antes caótica vislumbração.

Mas retomemos o relato. "A grande porta do medo", que hoje pode ser lido como "O umbral da palavra".

Na véspera estávamos no quarto de Ronaldo e havia meu xará do Espírito Santo.que me deu as razões pelas quais não participaria das manifestações do dia seguinte: "Não acredito nessas manifestações, os verdadeiros problemas são do indivíduo", ele dizia. Eu concordava, mas no fundo algo me dizia que eu tinha que ir, independente de qual fosse a minha concepção particular de vida. Nós decidíramos que iríamos qualquer que fosse o desfecho. Já no caminho da ida, depois que escondemos o carro perto do aeroporto, encontramos amigos que voltavam dizendo que a barra estava pesada demais e não dava mais para entrar na Igreja. O exército sitiara a Igreja e os que ficaram do lado de fora foram expostos à ação de cavalos e das bombas de gás lacrimogênio. Procuravam desesperadamente sair da Avenida Presidente Vargas, mas estava tudo cercado. Ainda assim decidimos prosseguir em direção à Igreja, apesar do medo que já nessa hora eu começava a sentir. Entre os que voltavam, alguém nos deu colírios protetores contra gás e rolhas para derrubar cavalos. Recursos empregados na nossa época para tais situações.

Durante os oito dias fomos submetidos a torturas, espancamentos, interrogatórios, lavagem cerebral, todo um pacote sistemático de técnicas para desestruturar completamente uma personalidade, que eu chamei de desinformativo. Estive numa cela onde havia dezenas de placas de papelão presas num suporte de pau com o clássico desenho da caveira e as iniciais E.M., de Esquadrão da Morte. Essas placas eram sempre encontradas nos 'presuntos desovados' na baixada fluminense. Aquela foi uma típica 'cela da morte'. Encontrei na parede inscrições com nome de alguns dos que tinham passado por ali, me lembro de um nome na parede: ROMA 45, famoso bandido da época, apagado pelos "homens". Podia ser tudo uma encenação ou eu ia mesmo morrer. Como sabêlo? Assim foi para mim a Semana Santa naquele ano que hoje, neste ano de 1992, volta à tona com o livro de Zuenir Ventura e a série Anos rebeldes da Rede Globo. Às vezes ainda me ocorre a dúvida se não sou um fantasma daquele cara que morreu naquele ano que de fato não terminou. Por termos passado pelo que passamos acabamos por nos tornar um incômodo para as pessoas. Para denunciar, tivemos que entrar na clandestinidade, pois fizemos um pacto forçado de silêncio no meio da noite da floresta da Tijuca, quando nos mandaram que andássemos vinte passos à frente e só então retirássemos as vendas de esparadrapo dos olhos. Mas no último momento eles permitiram que nos observássemos frente à frente, apertaram as nossas mãos mas disseram: "Não contem nada sobre o que se passou", ameaçando-nos de morte caso abríssemos o bico.

Na véspera desse dia, Sexta-Feira da Paixão, com os pulsos amarrados pelas costas, fui deixado de tanga (feita de uma calça rasgada e mijada por toda a corporação) numa "geladeira" com uma carteira de cigarros e uma caixa de fósforos nos bolsos. Nesse dia, após rezar não sei quantas vezes o Padre Nosso, entrei numa expe riência de transe como se eu me encontrasse um lugar fora do tempo, em que ontem e amanhã se confundiam. E desse lugar eu via o que aconteceria no dia seguinte: nós seríamos libertados e glorificados. Quando saí do transe, eu estava completamente tranquilo e procurei tranquilizar Ronaldo quando nos colocaram juntos. Eu me lembro que no último dia quando um deles me ofereceu uma Pepsi e disse: "É sempre bom tomar uma Pepsi antes de morrer". Eu não acreditei nas suas palavras. Tudo isso está referido confusa e simbolicamente no texto que escrevi na época.

Nos últimos instantes na floresta da Tijuca, eles nos deram o que chamavam 'instrução de sobrevivência', algo assim como: "Contem até 100, tirem a venda, depois contem tantos passos à direita e tantos passos à esquerda. Aí encontrarão o carro de vocês. Mas não esqueçam do que nós combinamos sobre nosso segredo". Quando entramos no carro e Ronaldo ligou a chave, eu comecei a dar gritos de alegria, aí Ronaldo disse: "Você está louco, cala essa boca, os caras devem ter preparado tudo para fuzilar a gente agora". Mas não, e seguimos na noite enluarada do Domingo de Ramos até que chegamos em um bar e nos perguntaram, de tal modo estranho deviam estar nossas caras: "De onde vocês vêm?" "De outro planeta", eu respondi. Quando afinal chegamos em nosso apartamento, na Gomes Carneiro, em Ipanema, encontramos tudo super bem arrumado, com bilhetes de nossas namoradas e pilhas de jornais que davam notícias sobre o nosso sumiço. Então vimos que nossas namoradas, amigos, todo o povo do Rio de Janeiro estava exigindo das autoridades militares o nosso resgate. No dia seguinte quando demos notícia da reaparição, nos foram dadas garantias para que denunciássemos. Lembro particularmente de Joaquim Pedro de

Andrade como um dos maiores incentivadores da denúncia. Ele usou argumentos absolutamente incontestáveis para me convencer, alguns dos quais influíram bastante no texto que escrevi então. Deram-me todo apoio. Doutor Sobral Pinto, após ouvir o meu relato no seu escritório, decidiu ser nosso patrono nas denúncias, tendo nos acompanhado quando fomos dar um depoimento de mais de 10 horas no serviço secreto do exército em que eu confirmei as denúncias feitas pelos jornais. Um dia apareceu um soldado raso no escritório e decidiu entregar os torturadores, deu até o nome e a patente de cada um deles. Ele disse que vira tudo. Eu questionei a fundo para ver se ele estava mesmo agindo de boa fé e no final não tive mais dúvidas sobre sua sinceridade. Aquele momento constituiu-se em mais um round que ganháramos contra a opressão militar junto à opinião pública. A força da fraqueza vencia a fraqueza da força, para usar a expressão acho que do Dr. Wilson Chebabi, com quem eu fazia análise, e que foi o meu interlocutor imaginário no transe que eu tive no penúltimo dia de tugúrio.

Há 24 anos que eu tento completar o relato. Tentei fazer na época. Estou bastante contente por retomar isso agora. Num momento em que pode até ter alguma utilidade para algumas pessoas, que hoje se encontram em dificuldades parecidas, e para todos que desejem conhecer um pouco melhor algo da nossa recente história, que tem sido soterrada pela multidão dos enganos intencionais ou não. Não sei, mas, ao menos para mim, ele significa talvez o resgate do que na época mesmo a belíssima campanha feita pelos companheiros não conseguiu resgatar completamente: minha alma ficou encerrada no escuro daquele quartel.

Para quem será que estou escrevendo? Em primeiro lugar, para quem interessar possa. Tenho encontrado muita gente que me pergunta. Para essas, em primeiro lugar, escrevo. Ou talvez escreva somente para o imponderável leitor que eventualmente compreenda melhor minhas palavras e venha a justificar sua existência. Você sabe o que é ter um amor, 29 anos e ver que tudo se esvaiu pela fresta da boca de lobo da sarjeta defronte ao DCT, que foi o primeiro lugar para onde levaram a mim e a Rute? No recato de então eu não confesso o impulso que tive de chamar os torturadores e lhes dizer que Rute era a culpada de tudo, que ela sim era agitadora e eu apenas me deixara envolver. Cheguei a implorar das grades que viessem a escutar. Até que Ronaldo me fez compreender que aquele impulso nascia da ilusão de aplacar o inimigo, e que não adiantava esperar o que quer que fosse do inimigo. E que era melhor nada esperar do exterior, que eu deveria procurar apoio apenas dentro de mim mesmo e me manter completamente calado.

Daí para adiante, eu comecei a mergulhar em mim porque não havia outra saída. Mas foi aí que percebi que mesmo assim estava fazendo o jogo deles, perdendo cada vez mais espaço, até sucumbir no poço da loucura. Porque negando tudo, acabei por ter que negar a mim mesmo, e a tudo em que eu acreditasse.

– O que acha do Guevara?

– Guevara era um louco.

– E o comunismo?

– Sou contra o autoritarismo!

E aquilo ia me obrigando a negar tudo que eu amava. E por isso a perder o direito de amar. Depois da prisão, quando reencontrei Rute, não conseguia mais amá-la. Igual ao livro de George Orwell, *1984*.

Não consegui mais voltar ao mundo anterior à prisão. Daí pra frente foi uma sequência de alienações: Pinel, Engenho de Dentro, Pavilhão Psiquiátrico do Hospital das Clínicas de São Paulo. Culminando em 1970 (será que foi 70?), com a volta de Caetano do exílio, quando retorno à Bahia e inicio um longo processo de convalescença.

Mais um dos outros resultados da prisão: algum tempo depois das denúncias que fiz das torturas dos militares, fui ficar com meu pai na sua Chácara do Limoeiro em Feira de Santana. Eu ficava o tempo todo no quarto e meu pai preocupado, queria que eu saísse daquilo e começasse uma vida nova ali, longe do mal que me acometera. Um dia disse a ele que não podia começar vida nova porque estava comprometido com o conteúdo de uma caixa onde eu guardava todos os meus escritos, desde os da adolescência.

– Isso te atrapalha? – Perguntou meu pai.

– É. – Respondi.

– Então se livre disso.

Aí eu fiz um círculo de pólvora e dentro dele queimei todos os meus papéis. "A grande porta do medo" não foi queimado porque antes de fugir do Rio, eu o havia deixado com Hélio Pellegrino, pedindo que o guardasse que eu tinha medo de ficar com ele. O relato havia sido escrito a pedido de Rubem Braga e Fernando Sabino, para ser editado pela Sabiá, que pertencia aos dois. O livro encomendado deveria se constituir de dois relatos, o meu e o de Ronaldo. Pouco tempo depois não haveria mais condições para publicá-lo no país devido à radicalização da ditadura pelo AI-5. Daí eu ter pedido ao psicanalista Hélio Pellegrino que fosse seu depositário *Sine Die* e me mandei para a Bahia.

CaDERNOS ULTRaMaRES

www.ingramcontent.com/pod-product-compliance
Lightning Source LLC
Chambersburg PA
CBHW061144160726
48006CB00038B/2227